I ♥ LOW CARB

Bettina Snowdon

I  LOW CARB

Fotos von Frauke Antholz

Hölker Verlag

•INHALT•

I LOVE LOW CARB

Morgens gibt's Brot, Müsli oder einen Smoothie, die Mittagsmahlzeit besteht aus Pasta, Pommes oder einem Wurstbrot und abends stehen ein gut gefüllter Brotkorb oder aber erneut die oben genannten Glücklichmacher auf dem Tisch. Dazu kommen süße Getränke gegen den Durst und Knabbereien und Süßigkeiten, die Sie sich zwischendurch gerne gönnen … sieht bei Ihnen die tägliche Ernährung auch so aus? Dann heißt das für Sie unterm Strich: Es stehen fast immer kohlenhydratreiche Lebensmittel im Mittelpunkt. Das entspricht der ganz normalen, hierzulande üblichen Ernährungsweise – ist aber nicht gut für uns.

TABU: TÄGLICH KOHLENHYDRATE SATT

In der Bewertung einer hohen Kohlenhydratzufuhr auf unsere Gesundheit hat sich in den letzten Jahren Revolutionäres getan. Die wissenschaftlichen Erkenntnisse über die gesundheitliche Belastung durch eine zu hohe Kohlenhydratzufuhr wurden so erschlagend, dass heute die meisten Experten zu einem geringeren Kohlenhydratverzehr raten. Entsprechend gibt es immer mehr Ernährungskonzepte und Diäten, die auf einer niedrigen Kohlenhydratzufuhr beruhen und damit extrem erfolgreich sind. Ob sie jetzt Paläo-Ernährung, Atkins-Diät, Schlank im Schlaf, Glyx-Diät oder Logi-Diät heißen: Sie alle sind low carb.

Vielleicht fragen Sie sich jetzt: Warum hat man nicht früher gemerkt, dass wir uns mit den vielen Kohlenhydraten nichts Gutes tun? Ganz einfach: Weil es nicht so war. Solange wir Menschen für unseren Lebensunterhalt körperlich hart arbeiten mussten, was für viele bis vor wenigen Jahrzehnten noch zutraf, waren Kohlenhydrate ein wichtiger Energielieferant, der schnell Energie bereitstellen konnte, die sofort verbraucht wurde.

Heute ist unsere Kohlenhydratzufuhr mindestens so hoch wie damals, wird aber wegen unserer Bewegungsarmut nicht mehr in dieser Menge benötigt. Unser Körper speichert die überschüssige Energie für schlechte Zeiten. Doch wenn diese schlechten Zeiten nie kommen? Dann nimmt man auf die Dauer zu. Ein übermäßiger Kohlenhydratverzehr passt einfach nicht mehr zu unserer Lebensweise.

WHO IS WHO: KOHLENHYDRATE, ZUCKER, BALLASTSTOFFE

Einfach-, Zweifach- und Mehrfachzucker

Was sind Kohlenhydrate und Zucker überhaupt? Beim Begriff „Zucker" denken Sie sicherlich automatisch „süß" und haben dabei den weißen Haushaltszucker vor Augen. Dabei ist Zucker lediglich ein Synonym für alle Kohlenhydrate und muss nicht zwangsläufig süß sein. Das ist er nur dann, wenn er kurzkettig ist, also aus höchstens zwei Kettengliedern besteht. Das trifft auf unseren Haushaltszucker genauso zu wie auf Milch-, Malz-, Frucht- und Traubenzucker. Längerkettigen Zuckern fehlt dagegen die Süße. Einer ihrer bekanntesten Vertreter ist die Stärke, zum Beispiel aus Vollkorngetreide.

Während Einfach- und Zweifachzucker bei der Aufnahme im Körper rasant in ihre einzelnen Bestandteile gespalten und vom Darm ins Blut aufgenommen werden, brauchen Mehrfachzucker dafür deutlich länger, stehen aber auch über einen längeren Zeitraum als Energielieferant zur Verfügung. Letztere sind daher für unsere Gesundheit nicht ganz so belastend, doch in den großen Mengen, in denen sie tagtäglich auf unseren Tisch kommen, zu viel für uns.

Auswirkungen auf den Blutzuckerspiegel

Die negativen Effekte eines zu hohen Kohlenhydrateverzehrs sind vor allem auf das Energiespeicherhormon Insulin, das den Zucker aus dem Blut in die Zellen transportiert, zurückzuführen. Je mehr das Blut von Zucker überschwemmt wird, desto mehr bekommt es zu tun. Auf Dauer können diese extremen Blutzuckerschwankungen dazu führen, dass das System entgleist und es zu einer Insulinresistenz kommt, der Vorstufe von Diabetes, und zu vielen anderen Stoffwechselerkrankungen. Zudem sorgen diese Schwankungen für Heißhunger, besonders auf Kohlenhydrate. Zusammengenommen bedeutet dies: Wir nehmen zu und gefährden unsere Gesundheit. Und auch, wenn längerkettige Kohlenhydrate einen sanfteren Anstieg des Insulinspiegels bewirken: Mit den Mengen, in denen wir sie verzehren, ist der Körper überfordert.

Ballaststoffe

Zu den guten Kohlenhydraten gehören Ballaststoffe, die zum Beispiel in Gemüse, Obst und Vollkornprodukten stecken. Sie können nicht direkt vom Körper verwertet werden, haben aber einen positiven Einfluss: Sie verlangsamen die Aufnahme von Zucker aus dem Darm ins Blut und wirken sich damit vorteilhaft auf unsere Verdauung aus.

KONKRET: WIE VIELE UND WELCHE KOHLENHYDRATE SIND ERLAUBT?

Aus den beschriebenen Erkenntnissen und Mechanismen lässt sich eine simple Regel ableiten: Wenn wir weniger Kohlenhydrate zu uns nehmen, geht es uns besser. Wir fühlen uns leichter, fitter und tun unserer Gesundheit etwas Gutes.

Wie viele Kohlenhydrate dürfen es sein?

Wie hoch soll aber der Prozentsatz an Kohlenhydraten an der Gesamtenergiezufuhr sein? Mit einem Anteil von ca. 30 Prozent der Gesamtkalorien liegen Sie ganz gut. Die restlichen 70 Prozent kommen aus Protein und Fett. Empfohlen wird eine tägliche Kohlenhydratzufuhr von 100 bis maximal 150 Gramm.

Welche Kohlenhydrate dürfen es sein – und welche nicht?

Der Kohlenhydratanteil in Ihrer Ernährung sollte zum größten Teil aus Mehrfachzuckern bestehen. Die finden Sie im Wesentlichen in Vollkornprodukten und Hülsenfrüchten. Diese haben zudem den Vorteil, gute Begleitstoffe wie Ballaststoffe, gesunde Fette oder Eiweiß zu beinhalten. Sie bremsen die Insulinreaktion also zusätzlich. Vollkornprodukte sind aus diesem Grund in Maßen mit einer Low-Carb-Ernährung kompatibel. Sie haben einen hohen Ballaststoffgehalt, der sie gegenüber isolierten Kohlenhydraten aus Weißmehl oder reinem Zucker auszeichnet. Auch Hülsenfrüchte kommen infrage, denn ihr Proteingehalt bremst die Insulinausschüttung ebenfalls.

Auf Ein- und Zweifachzucker verzichten Sie möglichst und auch zu viele komplexere Kohlenhydrate reduzieren Sie besser.

Produkte mit „leeren Kalorien", wie ein hochgradig ausgemahlenes Mehl, tun dem Stoffwechsel nicht gut. Weißbrot, Kuchen, Weizennudeln, geschälter Reis etc. bringen kaum gute Begleitstoffe mit, die die Insulinausschüttung bremsen können. Sie sollten daher nicht in großen Mengen verzehrt werden.

Stark gesüßte Lebensmittel meiden Sie besser ganz. Und wenn Ihnen doch mal nach etwas Süßem ist? Dann lassen Sie sich von unseren Rezeptideen im Kapitel Yummy Snacks inspirieren, denn ein Leben ohne Kuchen möchte ja niemand!

LOW CARB IM ALLTAG: WIE GEHT DAS?

Jetzt wissen Sie, worauf Sie bei einer Low-Carb-Ernährung achten müssen. Ein paar Lebensmittel werden nun aus Ihren Regalen verschwinden. Aber keine Sorge, denn der frei gewordene Platz wird mit vielen leckeren Zutaten gefüllt: Mit Gemüse satt, zahlreichen Obstsorten, Eiern, Milchprodukten, Käse, Fleisch und Fisch und mit Nüssen und Samen. Entdecken Sie die Low-Carb-Vielfalt!

Der folgende Überblick hilft Ihnen, ungeeignete Produkte nach und nach auszutauschen und Ihren Vorrat an Low-Carb-Lieblingen auszubauen.

LECKERE LEBENSMITTEL: GRÜNES LICHT FÜR LOW CARB?

Gemüse, Eier, Käse, Fleisch und Fisch, Nüsse und Samen

Hier heißt es: No Limit. Genießen Sie, was immer Sie möchten. All diese Lebensmittel sind low carb und bereichern mit ihrer Vielfalt Ihre Ernährung.

Obst

Obst gehört zu einer gesunden Low-Carb-Ernährung dazu. Besonders zuckerarm und damit super sind alle Beeren- und Zitrusfrüchte. Genießen Sie sie reichlich! Manche Obstsorten, vor allem Exoten, haben zu hohe Zuckergehalte. Dazu gehören zum Beispiel Bananen, Litschis und Mangos. In größeren Mengen also lieber nicht verwenden, als Zutat zum Süßen sind sie in Ordnung.

Brot

Mittlerweile gibt es in fast jeder Bäckerei und in Supermärkten eine Auswahl an leckeren Low-Carb-Broten, die oft auch Eiweißbrote genannt werden. Sie können aber auch Ihr eigenes Low-Carb-Brot backen (siehe Seite 20 und 30).

Vollkornbrote, -brötchen und -toast sind wegen der insulinbremsenden Eigenschaft der Ballaststoffe in geringen Mengen auch hin und wieder in Ordnung. Auch Knäckebrot, denn es enthält kaum Kalorien und dadurch ist auch die Kohlenhydratmenge niedrig. Dagegen sollten Sie Backwaren aus Weißmehl möglichst meiden.

Nudeln

Vor allem bei Nudeln ist das Low-Carb-Angebot groß: Konjaknudeln haben ebenso wie Proteinnudeln kaum Kohlenhydrate und Nudeln aus Hülsenfrüchten wie Kichererbsen und Linsen sind nicht nur kohlenhydratärmer als Getreidenudeln, sie schmecken auch aromatischer. Auch Glasnudeln, wie in den Sommerrollen auf Seite 40, sind geeignet. Und dann gibt es noch Gemüsepasta aus Zucchini, Möhren, Gurken, Pastinaken und Co., die in Nudelform geschnit-

ten und nach Bedarf kurz gekocht eine tolle Basis für leckere Nudelsoßen bieten (siehe Seite 36).

Nudeln aus Weißmehl sind zu kohlenhydratreich für eine Low-Carb-Küche. Die Vollkornversionen können in kleinen Mengen, zum Beispiel als Suppeneinlage, weiterhin Ihren Speiseplan bereichern.

Reis

Nein, Sie müssen nicht auf Reisgerichte verzichten, denn es gibt Blumenkohlreis! Der auf Reiskorngröße zerkleinerte Blumenkohl sieht nicht nur fast aus wie Reis, er passt sich wegen seines milden Geschmacks auch an viele Zubereitungsarten an. Ausprobieren können Sie das zum Beispiel bei dem Hähnchencurry auf Seite 44. Sie können den Reis selbst in der Küchenmaschine herstellen, aber auch in einigen Supermärkten fertig kaufen.

Oder probieren Sie als Alternative zu Reis Amaranth und Quinoa aus – in geringen Mengen. Beide haben einen niedrigeren Kohlenhydratgehalt als Reis, aber er ist immer noch so hoch, dass sie nicht zu den Low-Carb-Lebensmitteln zählen.

Bei herkömmlichem Reis gilt: Die Vollkornversion darf in überschaubaren Mengen hin und wieder auf den Tisch, der geschälte Reis eignet sich hingegen weniger.

Kartoffeln

In großen Mengen machen Kartoffeln einen Strich durch Ihre Low-Carb-Rechnung, aber als kleine Beilage sind sie in Ordnung. Und auch sie lassen sich ersetzen. Gemüsepommes oder „Kartoffelsalat" aus Gemüsesorten schmecken fast wie die Originale und Chips aus Gemüse gibt es mittlerweile in fast jedem Supermarkt zu kaufen – oder Sie machen sie selbst (siehe Seite 90).

Getreide und Mehl

Backen ohne Mehl? Das geht! Spezielle Low-Carb-Mehle, aber auch Mehle aus Hülsen-früchten, Nüssen und Ölsaaten sowie Kokos-mehl sind zum Backen geeignet, wenn man weiß wie. Pur oder gemischt mit herkömm-lichem Mehl ist fast alles möglich, wenn man die geeigneten Bindemittel oder etwas mehr Eier einsetzt. Probieren Sie zum Beispiel die Pfann-kuchen auf Seite 24 oder die Mandelwaffeln auf Seite 82 aus. Unsere Pizza (siehe Seite 66) beweist, dass es auch ganz ohne Mehl geht, und zwar superlecker!

Vorsicht bei Getreideprodukten wie Couscous und Bulgur, sie enthalten viele Kohlenhydrate.

Zucker und Süßungsmittel

Die Low-Carb-Küche hat mit Stevia, Erythrit und Xylit (Birkenzucker) sowie mit Kokosblüten-zucker viele Alternativen im Angebot, so müssen Sie auf keinen Fall auf den süßen Ge-schmack verzichten. Weißer Haushaltszucker, Honig, Agavensirup, Ahornsirup und Dicksäfte sind in der Regel tabu – sie alle sind reiner oder fast reiner Zucker. Also höchstens in sehr kleinen Mengen angesagt.

Unser Tipp: Honig oder Ahornsirup können Sie mit kohlenhydratfreien Süßungsmitteln mi-schen, wenn Sie auf den typischen Geschmack Wert legen.

Süße und herzhafte Snacks

Der kleine Hunger zwischendurch klopft an? Dann sollten Sie salziges Popcorn und fettfrei geröstete Nüsse im Haus haben (siehe Seite 84 und 80), wenn er nach Pikantem ruft.

Wenn Ihnen eher nach Süßem ist, ist Zartbitter-schokolade ab einem Kakaogehalt von 70 Pro-zent der Retter in der Not. Nuss-Nugat-Cremes, Konfitüren, Kuchen, Eis, Schokolade und Desserts mit Haushaltszucker sind weniger geeignet, aber es gibt für alle Alternativen. Probieren Sie die Energy Balls auf Seite 76 oder die Erdbeer-Nuss-Riegel auf Seite 88.

Getränke

Das tollste und fast gratis erhältliche Low-Carb-Getränk: Wasser! Wenn Ihnen das zu langweilig ist, gibt es unzählige köstliche Aromatisierungs-möglichkeiten mit Obst, Gemüse, Kräutern und Gewürzen. Nur den Zucker sollten Sie weg-lassen (oder eine Low-Carb-Süßungsvariante wählen). Ungesüßter Tee und Kaffee sowie Milch und milchhaltige Getränke ohne Zucker-zusatz gehen ebenfalls.

Verzichten sollten Sie auf Cola, Eistee, Energy Drinks, Limonaden, Fruchtsäfte, Fruchtnek-tare, reine Fruchtsmoothies, Trinkjoghurts, Milch-Fruchtgetränke und Kakao, sofern sie mit herkömmlichem Zucker gesüßt sind. Bei Alkohol dürfen Sie in geringen Mengen bei Rum, Wodka, Whisky, Gin, Light-Bier, trocke-nem Rot- und Weißwein zugreifen. Bier, Cock-tails und Alkopops sollten Sie meiden.

Soviel zur Theorie – lassen Sie sich von unseren Rezepten inspirieren und genießen Sie Ihre neue, leichte Low-Carb-Küche!

· TASTY MORNING ·

FÜR EINEN GUTEN START IN DEN TAG

FRÜHSTÜCKSBROTE SÜß & HERZHAFT

[ZUBEREITEN SÜß: 25 MIN.   ZUBEREITEN HERZHAFT: 5 MIN.]

FÜR JE 2 BROTE

je 2 Scheiben Low-Carb-Brot
(siehe Seite 20 und 30)

Für den Kokos-Zartbitter-Aufstrich
mit Kakaonibs:

50 g Kokosraspel

30 g blanchierte gemahlene
Mandeln

50 g Kokosöl

80 g Zartbitterschokolade (mindestens 70 % Kakaogehalt)

gemahlene Vanille nach Geschmack

50 g Kakaonibs

Für die Avocado-Hüttenkäse-Creme
mit Sprossen:

½ Avocado

2 EL Hüttenkäse

1 EL frisch gepresster Orangensaft

1 Prise Salz

frisch gemahlener schwarzer
Pfeffer

¼ Bio-Salatgurke

Alfalfasprossen oder andere
Sprossen nach Wahl

1 TL Olivenöl

1   Für den Kokos-Zartbitter-Aufstrich Kokosraspel und
Mandeln in einen Mixer oder in eine Handmühle geben
und fein mahlen. Das Kokosöl in einem kleinen Topf zer-
lassen und mit der Kokos-Mandel-Mischung vermischen.
Mit einem Pürierstab cremig mixen. Die Schokolade in ein
hitzefestes Schälchen bröckeln und über einem Wasser-
bad schmelzen. Mit der Vanille in die Kokos-Mandel-
Mischung rühren. Nun nochmals alles mit dem Pürierstab
glatt rühren, in ein Glas füllen und abkühlen lassen. Im
Kühlschrank aufbewahren.

2   Ca. 30 Minuten vor dem Genuss aus dem Kühlschrank
nehmen. Die Brotscheiben mit dem Kokos-Zartbitter-
Aufstrich bestreichen und mit den Kakaonibs bestreuen.

3   Für die Avocado-Hüttenkäse-Creme die Avocado mit
der Gabel zerdrücken und mit Hüttenkäse und Orangensaft glatt rühren. Mit Salz und Pfeffer abschmecken. Die
Brote mit der Creme bestreichen. Die Gurke waschen, in
dünne Scheiben schneiden und auf den Broten verteilen.
Die Sprossen daraufgeben und mit Olivenöl beträufeln.

14

BROMBEER-MOHN-MÜSLI

[ZUBEREITEN: 10 MIN.]

FÜR 2 PORTIONEN

75 g Brombeeren (frisch oder TK)

50 g Walnusskerne

50 g Mandeln

2 EL Mandelmus

200 ml ungesüßter Mandeldrink

50 g geschroteter Leinsamen

40 g Kokosraspel

2 EL Mohn

1 Wenn TK-Brombeeren verwendet werden, diese am Vorabend zum Auftauen in den Kühlschrank legen. Die frischen Beeren am nächsten Tag waschen, Walnüsse und Mandeln grob hacken.

2 Mandelmus und Mandeldrink in einer Schüssel cremig rühren und mit Walnüssen, Mandeln, Leinsamen, Kokosraspeln und Mohn verrühren. Die Brombeeren zugeben und unterheben.

· TIPP ·

Himbeeren oder Erdbeeren statt Brombeeren schmecken im Müsli ebenso gut. Wer es morgens besonders eilig hat, rührt das Müsli schon am Vorabend an, hält es im Kühlschrank frisch und gibt zum Frühstück nur noch die Beeren dazu.

HUEVOS RANCHEROS MIT FRIJOLES REFRITOS

[ZUBEREITEN: 15 MIN.   GAREN: 25 MIN.]

FÜR 2 PORTIONEN

Für die Frijoles Refritos:

400 g Kidneybohnen (Dose)

½ Zwiebel

1–2 Knoblauchzehen

½ rote Chilischote

1 geschälte Tomate (Dose)

Olivenöl zum Braten

Salz

frisch gemahlener schwarzer Pfeffer

½ TL gemahlener Kreuzkümmel

Chilipulver

Für die Huevos Rancheros:

1 Zwiebel

3 Knoblauchzehen

1 orangefarbene Paprikaschote

2 frische Jalapeño-Chilischoten

2 geschälte Tomaten (Dose)

4 EL Kokosöl

4 Eier

Außerdem:

3–4 Stängel Koriander zum Garnieren

1 Für die Frijoles Refritos die Bohnen abtropfen lassen und in einem hohen Gefäß mit etwas Wasser pürieren. Zwiebel und Knoblauch schälen und fein hacken. Die Chilischote halbieren, Samen und Scheidewände entfernen, dann fein hacken. Die Dosentomate fein hacken. Das Öl in einer Pfanne erhitzen und Zwiebeln, Knoblauch und Chili darin dünsten, bis die Zwiebeln glasig sind. Dann Bohnen und Tomate zugeben und ca. 20 Minuten dünsten. Mit Salz, Pfeffer und Kreuzkümmel kräftig würzen und mit Chilipulver abschmecken.

2 Für die Huevos Rancheros Zwiebel und Knoblauch schälen und fein hacken. Paprika vierteln und Chilis halbieren. Von Paprika und Chilis Samen und Scheidewände entfernen, dann waschen und fein würfeln. Die Dosentomaten fein würfeln. Die Hälfte des Kokosöls in einer Pfanne bei mittlerer Hitze erhitzen und Zwiebel, Knoblauch, Paprika und Chili darin 3 Minuten dünsten, bis die Zwiebel glasig und die Paprika weicher geworden ist. Dann die Tomaten zugeben und weitere 5 Minuten dünsten. In der Zwischenzeit in einer weiteren Pfanne das restliche Kokosöl erhitzen und die Eier darin bei schwacher Hitze ca. 6 Minuten als Spiegeleier braten, bis das Eiweiß durchgegart ist.

3 Den Koriander waschen, trocken schütteln und hacken. Die Eier auf zwei Teller geben, die Salsa darübergeben und mit Koriander garniert zu den Bohnen servieren.

· TIPP ·

Jalapeño-Chilischoten sind frisch nicht überall erhältlich. Nehmen Sie stattdessen eine andere, nicht zu scharfe Chilisorte.

KASTENBROT
MIT KÜRBISKERNEN

[ZUBEREITEN: 10 MIN.   BACKEN: 50-60 MIN.]

**FÜR 1 KASTENFORM
(30 CM LÄNGE)**

200 g gemahlene Mandeln

25 g gemahlene Kürbiskerne

150 g geschroteter Leinsamen

1 Pck. Backpulver

1 TL ungesüßtes Kakaopulver

½ TL gemahlener Kreuzkümmel

2 TL Salz

2 EL Sonnenblumenkerne

3 EL Kürbiskerne

250 g Magerquark

5 Eier

1 Den Backofen auf 180 °C vorheizen und die Kastenform mit Backpapier auslegen. Mandeln, Kürbiskerne, Leinsamen, Backpulver, Kakao, Kreuzkümmel und Salz in einer Schüssel vermischen. Sonnenblumenkerne und 1 EL Kürbiskerne zugeben und unterrühren.

2 Quark und Eier in einer zweiten Schüssel vermischen, dann zu den trockenen Zutaten geben und zu einem Teig verrühren. Den Teig in die Kastenform füllen und glatt streichen. Die restlichen Kürbiskerne über das Brot streuen und leicht andrücken. 50-60 Minuten im heißen Ofen backen.

3 Das Brot aus der Kastenform nehmen und vollständig auskühlen lassen.

GRÜNER MÖHRENSMOOTHIE

[ZUBEREITEN: 5 MIN.]

FÜR 2 PORTIONEN

320 g Möhren
1 Handvoll Blattspinat
40 g weiße Weintrauben (ohne Kerne)
1 Apfel
frisch gepresster Saft von ½ Zitrone

1 Die Möhren schälen und grob zerkleinern. Den Spinat und die Weintrauben gründlich waschen und abtropfen lassen. Den Apfel waschen, vierteln, das Kerngehäuse entfernen und das Fruchtfleisch grob zerkleinern.

2 Alles in einem Mixer mit 300 ml Wasser mixen. Mit dem Zitronensaft abschmecken, auf zwei Gläser verteilen und sofort genießen.

KURKUMADRINK

[ZUBEREITEN: 10 MIN.]

FÜR 2 PORTIONEN

Für die Kurkumapaste:
1 TL gemahlene Kurkuma
Samen aus 1 Kardamomkapsel
½ TL gemahlener Zimt
1 Msp. gemahlene Vanille
frisch gemahlener schwarzer Pfeffer

Für den Drink:
1 Banane
400 ml ungesüßter Mandeldrink
1 TL Kokosöl

1 Für die Kurkumapaste gemahlene Kurkuma, Kardamomsamen, Zimt, Vanille und 1 Prise Pfeffer mit 100 ml Wasser in einem kleinen Topf aufkochen und bei mittlerer Hitze 2–3 Minuten kochen, bis eine dickliche Paste entsteht.

2 Die Banane schälen und in grobe Stücke schneiden. Mit 1 EL Kurkumapaste, Mandeldrink, Kokosöl und 75 ml Wasser in einem Mixer pürieren. Auf zwei Gläser verteilen.

· TIPP ·

Der Kurkumadrink schmeckt auch warm. Die Kurkumapaste hält sich gut verschlossen im Kühlschrank 2–3 Wochen.

PFANNKUCHEN MIT RÄUCHERFISCH

[ZUBEREITEN: 25 MIN.   BACKEN: 10 MIN.]

FÜR 2 PORTIONEN

Für die Pfannkuchen:

2 Eier

50 g geschroteter Leinsamen

35 g gemahlene Mandeln

50 ml Milch

1 Prise Salz

Für das Topping:

50 g Römersalat

2 Tomaten

3 EL weißer Balsamessig

Salz

frisch gemahlener schwarzer Pfeffer

100 g Räucherforelle

2 EL Kokosöl

2–3 TL grober Senf

1 Für den Teig Eier, Leinsamen, Mandeln, Milch und Salz in einen hohen Rührbecher geben und mit dem Pürierstab mixen. Den Teig 10 Minuten quellen lassen.

2 In der Zwischenzeit das Topping zubereiten. Dafür den Salat waschen, trocken schütteln und kleiner zupfen. Die Tomaten waschen und in dünne Scheiben schneiden. Mit dem Essig beträufeln, salzen und pfeffern. Den Räucherfisch etwas kleiner zupfen.

3 Den gequollenen Teig mit 2–3 EL Wasser verdünnen, damit er zähflüssig wird. 1 EL Kokosöl in einer Pfanne erhitzen und die Hälfte des Teigs gleichmäßig darin verteilen. Den ersten Pfannkuchen bei mittlerer Hitze ca. 5 Minuten backen, bis er gestockt und die Unterseite leicht gebräunt ist.

4 Den Pfannkuchen vorsichtig wenden, mit gut 1 TL Senf bestreichen und mit der Hälfte des Fischs belegen. Backen, bis auch die andere Seite leicht gebräunt ist.

5 Auf dem Fisch 1 Handvoll Salat verteilen und einige Tomatenscheiben darauflegen. Den Pfannkuchen zusammenklappen und auf einen Teller geben.

6 Auf diese Weise den zweiten Pfannkuchen zubereiten.

· TIPP ·

Wer es lieber süß mag, kann statt des Räucherfischtoppings zum Beispiel ein Heidelbeer-Zimtsahne-Topping zubereiten. Dafür die Pfannkuchen wie beschrieben backen (natürlich ohne Senf und Fisch). In der Zwischenzeit 100 g Sahne mit dem Zimt steif schlagen. Jeweils die Hälfte der Sahne auf einen Pfannkuchen verteilen und 30–40 g Heidelbeeren darübergeben.

SCHOKO-TONKABOHNEN-QUARK MIT GRANOLA

[ZUBEREITEN: 55 MIN.   BACKEN: 40 MIN.]

FÜR 2 PORTIONEN

Für das Granola (20 Portionen):

200 g Mandeln

175 g Kokosraspel

150 g Sonnenblumenkerne

30 g Kürbiskerne

125 g Leinsamen

1 EL gemahlene Kurkuma

1 EL gemahlener Zimt

1 TL gemahlene Vanille

60 g Mandelmehl

60 ml Kokosöl

Für den Quark:

250 g Magerquark

2 TL flüssiger Honig

2 EL ungesüßtes Kakaopulver

¼ TL gemahlene Vanille

1 Msp. gemahlene Tonkabohne

100 g Heidelbeeren

100 g Himbeeren

1 Für das Granola den Backofen auf 150° C vorheizen und ein Backblech mit Backpapier belegen. Die Mandeln mit dem Messer oder im Mixer grob hacken. Mit den anderen Zutaten in einer Schüssel vermischen, auf dem Backblech verteilen und 20 Minuten im Ofen rösten.

2 Aus dem Ofen nehmen, wenden und weitere 20 Minuten rösten. Wenn sich das Granola trocken anfühlt, den Ofen ausstellen und das Granola in der Resthitze fertig backen. Nach dem Abkühlen in einem luftdichten Gefäß aufbewahren.

3 Den Quark mit Honig, Kakao und 100 ml Wasser glatt rühren. Vanille und Tonkabohne unterrühren. Auf zwei Schälchen verteilen.

4 Heidelbeeren und Himbeeren waschen und abtropfen lassen. Die Beeren und etwas Granola auf den Quark geben.

· TIPP ·

Das Granola hält sich in einem luftdichten Glas aufbewahrt mehrere Wochen. Man kann es auch wie ein Müsli mit Milch, Joghurt oder Quark genießen.

AVOCADO-EI MIT TOMATENSALSA

[ZUBEREITEN: 20 MIN.   BACKEN: 10–15 MIN.]

FÜR 2 PORTIONEN

2 Avocados

4 Eier

Salz

frisch gemahlener schwarzer Pfeffer

Für die Tomatensalsa:

½ rote Zwiebel

½ gelbe Paprikaschote

½ milde rote Chilischote

200 g reife Tomaten

einige Basilikumblätter

2 EL frisch gepresster Zitronensaft

Salz

frisch gemahlener schwarzer Pfeffer

1 Den Backofen auf 180° C vorheizen. Die Avocados halbieren, den Kern entfernen und die Mulden mit einem Löffel etwas vergrößern. Nun je 1 Ei in eine Avocadohälfte geben, salzen und pfeffern. Die Avocado-Eier im heißen Ofen 10–15 Minuten backen, bis die gewünschte Konsistenz erreicht ist.

2 In der Zwischenzeit für die Tomatensalsa die Zwiebel schälen und in feine Würfel schneiden. Paprika vierteln und Chili halbieren. Von Paprika und Chili Samen und Scheidewände entfernen. Paprika, Chili und Tomaten waschen und fein würfeln. Das Basilikum waschen, trocken schütteln und in feine Streifen schneiden. Zwiebel, Paprika, Chili, Tomaten und Basilikum mit Zitronensaft, Salz und Pfeffer vermischen.

3 Die Salsa auf den warmen Avocados verteilen und sofort servieren.

· **TIPP** ·

Wer es etwas deftiger mag, brät ca. 60 g Frühstücksspeck knusprig und gibt diesen in die Mulden der Avocados, bevor das Ei hineingeben wird. Die Salsa passt auch dazu – kann nach Wunsch aber auch weggelassen werden.

CHIABROT

[ZUBEREITEN: 15 MIN.   BACKEN: 40–50 MIN.]

FÜR 1 KASTENFORM
(30 CM LÄNGE)

65 g Kokosmehl plus etwas für
die Form

30 g Chiasamen plus etwas für
die Form

160 g Mandelmehl

5 Eier

4 EL Kokosöl plus etwas für
die Form

1 EL Apfelessig

½ TL Backnatron

½ TL Salz

1 Den Backofen auf 180° C vorheizen und die Kastenform fetten. Mit etwas Kokosmehl und Chiasamen
ausstreuen.

2 Restliches Kokosmehl und Chiasamen mit Mandelmehl
in einer Schüssel vermischen. Eier, Kokosöl, Apfelessig,
Backnatron und Salz in einer anderen Schüssel verrühren.
Dann beide Massen gründlich zu einem glatten Teig vermischen. In die Kastenform geben, glatt streichen und im
heißen Ofen 40–50 Minuten backen.

3 Das Brot 15 Minuten in der Form abkühlen lassen, erst
dann stürzen.

• LOVELY LUNCH •

FÜR EINE GELUNGENE MITTAGSPAUSE

ROTE LINSENSUPPE MIT FETA-OLIVEN-TOPPING

[ZUBEREITEN: 15 MIN.   GAREN: 25 MIN.]

FÜR 2 PORTIONEN

Für die Suppe:

1 Lauchstange

1 Möhre

1 Knoblauchzehe

1 TL Butter

500 ml Gemüsebrühe

100 g rote Linsen

1 Lorbeerblatt

Salz

frisch gemahlener schwarzer Pfeffer

1–2 Prisen Chilipulver nach Geschmack

Für das Feta-Oliven-Topping:

50 g Feta

4 schwarze Oliven (ohne Stein)

5–6 Stängel Thymian

abgeriebene Schale von 1 Bio-Zitrone

1 Prise Chilipulver

frisch gemahlener schwarzer Pfeffer

1 Für die Suppe den Lauch waschen, putzen und in dünne Ringe schneiden. Die Möhre schälen und in dünne Scheiben schneiden. Den Knoblauch schälen und fein hacken.

2 Die Butter in einem Topf erhitzen und Lauch, Möhren und Knoblauch darin 4–5 Minuten andünsten. Die Gemüsebrühe zugeben und aufkochen lassen. Dann die roten Linsen und das Lorbeerblatt zufügen und mit Salz und Pfeffer kräftig würzen. Ca. 25 Minuten leicht köcheln lassen, bis die Linsen weich sind.

3 In der Zwischenzeit den Feta für das Topping zerbröseln. Die Oliven fein hacken. Den Thymian waschen, trocken tupfen, die Blättchen abzupfen und hacken. Alles mit Zitronenabrieb und Chilipulver vermischen und pfeffern.

4 Das Lorbeerblatt aus der Suppe nehmen und die Suppe mit einem Pürierstab fein pürieren. Nochmals mit Salz, Pfeffer und Chilipulver abschmecken. Die Suppe auf zwei Teller verteilen, das Topping daraufgeben und servieren.

ZOODLES MIT GARNELEN & PISTAZIEN

[ZUBEREITEN: 25 MIN.   GAREN: 15 MIN.]

FÜR 2 PORTIONEN

2 EL geschälte ungesalzene Pistazien

1 Zwiebel

1 Knoblauchzehe

1 rote Chilischote

1 Bund Basilikum

125 g Kirschtomaten

2 EL Kokosöl

50 ml passierte Tomaten

1 EL Tahin

frisch gepresster Saft von 1 Zitrone

200 g küchenfertige Garnelen

4 mittelgroße Zucchini

1 Die Pistazien in einer Pfanne ohne Fett goldbraun rösten, bis sie zu duften beginnen, beiseitestellen. Zwiebel und Knoblauch schälen und fein würfeln. Chili längs halbieren, Samen und Scheidewände entfernen, dann fein hacken. Das Basilikum waschen, trocken schütteln, Blätter abzupfen und grob hacken. Die Kirschtomaten waschen und halbieren.

Das Kokosöl in einer großen Pfanne erhitzen und Zwiebel, Knoblauch und Chili einige Minuten anschwitzen, bis die Zwiebel glasig ist. Die Kirschtomaten mit den passierten Tomaten und dem Tahin in die Pfanne geben. Dann das Basilikum unterrühren. Den Zitronensaft mit 3 EL Wasser mischen, mit den Garnelen zugeben und alles 2–4 Minuten kochen, bis die Garnelen gar sind.

2 Währenddessen die Zucchini waschen und mit einem Spiralschneider in Spaghettiform schneiden. Die Zucchini-nudeln ebenfalls in die Pfanne geben, gut verrühren und in 3–5 Minuten weich werden lassen.

3 Zoodles und Garnelen auf zwei Teller verteilen und mit den Pistazien bestreut servieren.

· TIPP ·
Statt der Pistazien schmecken auch geröstete Pinienkerne oder Zedernnüsse hervorragend dazu.

GEGRILLTE SÜßKARTOFFEL MIT AVOCADO & SALSA

[ZUBEREITEN: 25 MIN.   BACKEN: 10 MIN.]

FÜR 2 PORTIONEN

Für die Süßkartoffel:

1 große Süßkartoffel

4 EL Olivenöl

1 Avocado

frisch gepresster Saft von
1 Limette

1–2 Prisen Chiliflocken nach
Geschmack

Salz

frisch gemahlener schwarzer
Pfeffer

Für die Paprikasalsa:

¼ rote Paprikaschote

¼ gelbe Paprikaschote

¼ grüne Paprikaschote

2–3 Frühlingszwiebeln

2 TL frisch gepresster Zitronensaft

Salz

frisch gemahlener schwarzer
Pfeffer

½ TL Zucker

1 EL Olivenöl

1 Den Backofen auf 160 °C vorheizen und ein Backblech mit Backpapier auslegen. Die Süßkartoffel schälen und zwei ca. 1,5 cm dicke und 70 g schwere Scheiben abschneiden. (Den Rest der Süßkartoffel für ein anderes Gericht aufbewahren.) Die Süßkartoffelscheiben mit etwas von dem Öl bepinseln, auf das Backblech legen und 10 Minuten garen.

2 In der Zwischenzeit die Avocado halbieren, den Kern entfernen und das Fruchtfleisch herauslösen. Eine Avocadohälfte in Streifen schneiden und mit Limettensaft beträufeln. Die zweite Hälfte mit der Gabel zerdrücken, mit Limettensaft beträufeln. Mit Chili, Salz und Pfeffer würzen und vermischen.

3 Für die Salsa die Paprika von Samen und Scheidewände befreien, dann waschen und fein würfeln. Die Frühlingszwiebeln waschen, putzen und in feine Ringe schneiden. Den Zitronensaft mit Salz, Pfeffer und Zucker würzen. Das Öl tröpfchenweise unterschlagen. Mit Paprika und Frühlingszwiebeln mischen. Beiseitestellen.

4 Eine Grillpfanne erhitzen und mit dem restlichen Öl auspinseln. Die vorgebackenen Süßkartoffelscheiben darin grillen, bis Röststreifen erkennbar sind. Wenden und auch auf der anderen Seite grillen.

5 Das Avocadomus auf die Süßkartoffelscheiben streichen, mit den Avocadostreifen belegen und die Paprikasalsa daraufgeben. Mit Salz und Pfeffer würzen.

SOMMERROLLEN MIT ERDNUSSDIP

[ZUBEREITEN: 20 MIN.   GAREN: 5–10 MIN.]

FÜR 2 PORTIONEN

Für die Sommerrollen:
100 g Glasnudeln
1 EL Öl
200 g Räuchertofu
1 Möhre
½ Salatgurke
3–4 Stängel Koriander
2–3 Stängel Minze
6 runde Reispapierblätter

Für den Erdnussdip:
1 TL fein gehackter Ingwer
2 EL Erdnussmus
1 EL Sojasoße
1 EL frisch gepresster Limettensaft
1 TL flüssiger Honig

1 Die Glasnudeln nach Packungsanweisung in Wasser garen. Das Öl in einer kleinen Pfanne erhitzen, den Tofu in dünne Streifen schneiden und 4–5 Minuten bei mittlerer Hitze von allen Seiten goldbraun und knusprig braten. Die Glasnudeln abgießen, mit kaltem Wasser abspülen und gut abtropfen lassen. Möhre und Gurke schälen und in dünne Streifen schneiden. Koriander und Minze waschen, trocken schütteln, Blättchen abzupfen und hacken.

2 Ein Reispapierblatt wenige Sekunden in kaltem Wasser einweichen und auf ein Schneidbrett legen. Dann einige Möhren-, Gurken- und Tofustreifen auf das Reispapier legen. Mit Koriander und Minze bestreuen und Glasnudeln daraufgeben. Die Ränder des Reispapiers an den Seiten einschlagen, dann von unten nach oben aufrollen und die offenen Enden zusammendrücken. Die weiteren fünf Reispapierrollen ebenso herstellen.

3 Für den Dip alle Zutaten in einer Schüssel mit 1 EL Wasser mit dem Schneebesen verrühren. Die Sommerrollen mit dem Erdnussdip servieren.

· TIPP ·
Sie können auch ganz auf den Tofu verzichten, dann geht es besonders schnell. Für einen Sesamdip einfach Tahin statt Erdnussmus verwenden.

ORIENTALISCHER ROTKOHLSALAT MIT HACKBÄLLCHEN

[ZUBEREITEN: 40 MIN.   MARINIEREN: 1 STD.]

FÜR 2 PORTIONEN

Für den Salat:

200 g Rotkohl

1 Möhre

1 rote Zwiebel

3–4 getrocknete Feigen

3–4 Stängel Petersilie

50 ml Gemüsebrühe

2 EL Olivenöl

2 EL Rotweinessig

1 Prise Zucker

Salz

frisch gemahlener schwarzer Pfeffer

Für die Hackbällchen:

250 g Rinderhackfleisch

1 Ei

2 TL Paniermehl

2 TL Tomatenmark

½ TL gemahlener Kreuzkümmel

½ TL Currypulver

1 EL Öl

1 Für den Salat den Rotkohl waschen und fein raspeln. Die Möhre waschen und in dünne Scheiben hobeln. Die Zwiebel schälen, halbieren und in feine Streifen schneiden. Die Feigen in feine Streifen schneiden. Die Petersilie waschen, trocken schütteln und fein hacken. Alles vermengen.

2 Die Brühe in einem kleinen Topf erhitzen. Olivenöl, Essig und Zucker verquirlen und in die Brühe geben. Die warme Brühe über den Rotkohlsalat geben, mit Salz und Pfeffer würzen und den Salat ca. 1 Stunde ziehen lassen.

3 In der Zwischenzeit für die Hackbällchen Hackfleisch, Ei, Paniermehl und Tomatenmark mischen, mit Kreuzkümmel, Curry, Salz und Pfeffer würzen. Ca. 6 walnussgroße Bällchen daraus formen. Das Öl in einer Pfanne erhitzen und die Hackbällchen von allen Seiten ca. 5 Minuten darin braten. Aus der Pfanne nehmen und auf Küchenpapier abtropfen lassen.

4 Den Rotkohlsalat auf zwei Tellern anrichten, die Hackbällchen darauf verteilen und servieren.

HÄHNCHENCURRY MIT BLUMENKOHLREIS

[ZUBEREITEN: 15 MIN.   GAREN: 25–30 MIN.]

FÜR 2 PORTIONEN

Für den Blumenkohlreis:
½ Blumenkohl (ca. 350 g)
Salz

Für das Curry:
100 g Babyspinat
50 g Zuckerschoten
50 g Süßkartoffel
1 rote Chilischote
20 g Ingwer
300 g Hähnchenfleisch
3 EL Öl
Salz
1 TL mildes Currypulver
200 ml Kokosmilch
150 ml Hühnerbrühe
1 Prise Zucker
2–3 TL frisch gepresster Limettensaft

1 Den Blumenkohl putzen, waschen und in Röschen teilen. In einer Küchenmaschine, wenn nötig portionsweise, ungefähr auf Reiskorngröße zerkleinern. 50 ml Wasser in einem Topf aufkochen und leicht salzen. Den Blumenkohlreis darin bei mittlerer Hitze zugedeckt ca. 15 Minuten dünsten.

2 In der Zwischenzeit für das Curry den Babyspinat waschen und trocken schleudern. Die Zuckerschoten ebenfalls waschen. Die Süßkartoffel schälen und in kleine Würfel schneiden. Die Chili längs halbieren, Samen und Scheidewände entfernen, dann in Ringe schneiden. Den Ingwer schälen und fein reiben. Das Hähnchenfleisch in 3 cm große Würfel schneiden.

3 Das Öl in einem weiten Topf erhitzen. Das Fleisch salzen und darin rundherum hellbraun anbraten. Chili, Ingwer und Curry zugeben und kurz mitbraten. Mit Kokosmilch und Hühnerbrühe ablöschen, aufkochen und mit Salz und Zucker würzen. Babyspinat, Zuckerschoten und Süßkartoffel zugeben und bei mittlerer Hitze 5 Minuten garen. Mit Limettensaft abschmecken.

4 Den Blumenkohl im offenen Topf unter Rühren abdampfen lassen. Zum Curry servieren.

LAUWARME ROTE BETE MIT GEBRATENEM HALLOUMI

[ZUBEREITEN: 10 MIN.   GAREN: 30–40 MIN.]

FÜR 2 PORTIONEN

600 g Rote Bete
1 Lorbeerblatt
½ rote Chilischote
2 EL weißer Balsamessig
½ TL gemahlener Kreuzkümmel
Salz
1 TL flüssiger Honig oder
Ahornsirup
5 EL Pflanzenöl
250 g Halloumi
3 Stängel Minze
3 Stängel Petersilie

1 Die Rote Bete waschen und ungeschält mit dem Lorbeerblatt in kochendem Salzwasser 30–40 Minuten garen. Dann mit kaltem Wasser abschrecken, die Knollen schälen und in Spalten schneiden. Dabei am besten Gummihandschuhe tragen, da sie sehr stark färben.

2 Für die Marinade die Chili längs halbieren, Samen und Scheidewände entfernen, dann fein hacken. Mit Balsamessig, 2 EL Wasser, Kreuzkümmel, Salz, Honig und 3 EL Öl verquirlen. Über die Rote Bete geben und kurz durchziehen lassen.

3 In der Zwischenzeit den Halloumi trocken tupfen und in Scheiben schneiden. Das restliche Öl in einer Pfanne erhitzen und den Halloumi bei mittlerer Hitze von beiden Seiten in je 5 Minuten goldbraun braten.

4 Minze und Petersilie waschen, trocken schütteln, Blättchen abzupfen, grob hacken und unter die Rote Bete mischen. Rote Bete mit den gebratenen Halloumischeiben servieren.

· TIPP ·

Das Kochen der Roten Bete ist ein zeitlicher Aufwand und auch das Schälen kann man sich sparen, wenn man bereits gegarte vakuumierte Rote Bete verwendet.

THUNFISCH-POKE

[ZUBEREITEN: 30 MIN. GAREN: 20 MIN. MARINIEREN: 30 MIN.]

FÜR 2 PORTIONEN

200 g roher Thunfisch
(Sushi-Qualität)

120 g Reis

Salz

2 EL Pflanzenöl

2 TL japanische Ponzusoße

¼ – ½ TL Wasabi-Paste (je nach
gewünschter Schärfe)

½ Avocado

½ kleine Mango

½ TL schwarze Sesamsamen

60 g Algensalat

1 Vom Thunfisch nach Bedarf die Haut entfernen und den Fisch ca. 30 Minuten ins Gefrierfach legen, dann lässt er sich besser schneiden. Den Reis mit der anderthalbfachen Menge Wasser und etwas Salz in einen Topf geben, aufkochen lassen und nach Packungsanweisung gar kochen. Den Thunfisch aus dem Gefrierfach nehmen und in ca. 1,5 cm große Würfel schneiden.

2 Für die Marinade Öl, 1 Prise Salz, Ponzusoße und Wasabi-Paste glatt rühren. Die Fischwürfel in eine Schüssel geben, mit der Marinade übergießen und zugedeckt mindestens 30 Minuten kühl stellen.

3 Die Avocado schälen, vom Kern befreien und in feine Würfel schneiden. Die Mango schälen, Fruchtfleisch vom Stein schneiden und ebenfalls in feine Würfel schneiden. Sesam in einer trockenen Pfanne bei mittlerer Hitze anrösten, bis er zu duften beginnt.

4 Den Reis in Schälchen verteilen, dann den marinierten Fisch und anschließend Avocado, Mango und Algensalat darübergeben. Mit geröstetem Sesam bestreuen.

· TIPP ·

Der Fisch kann auch über Nacht im Kühlschrank mariniert werden.

FRITTATA MIT PILZEN, ERBSEN & CHORIZO

[ZUBEREITEN: 10 MIN.   GAREN: 30 MIN.]

FÜR 2 PORTIONEN

3 Eier

Salz

frisch gemahlener schwarzer Pfeffer

60 g Chorizo

125 g Champignons oder Shiitakepilze

1 kleine Zwiebel

2 EL Öl

60 g TK-Erbsen, aufgetaut

1 Die Eier mit Salz und Pfeffer verquirlen. Die Chorizo von der Pelle befreien und in 1 cm große Würfel schneiden. Die Pilze waschen und in Scheiben schneiden. Die Zwiebel schälen, halbieren und in Streifen schneiden.

2 Den Backofen auf 200 °C vorheizen. 1 EL Öl in einer kleinen ofenfesten Pfanne erhitzen und die Chorizo darin 2 Minuten braten. Aus der Pfanne nehmen und die Pilze im heißen Chorizo-Fett rundum anbraten. Die Zwiebelstreifen zugeben und kurz mitbraten. Dann auch die Erbsen zugeben und 1 Minute mitgaren. Leicht salzen und die Chorizo unterrühren.

3 Den Pfannenrand mit 1 EL Öl bepinseln und die verquirlten Eier in die Pfanne gießen. 2 Minuten bei schwacher Hitze stocken lassen, dann im heißen Ofen auf einem Rost auf der mittleren Schiene 15–20 Minuten backen, bis die Eier gestockt sind. Die Frittata ca. 10 Minuten in der Pfanne abkühlen lassen und warm oder kalt servieren.

· TIPP ·

Für Frittata gibt es unzählige Varianten. Probieren Sie auch mal eine grüne Frittata mit Erbsen, Spinat und Koriander, Frittata mit Meeresfrüchten, mit Tomaten und Käse … oder lassen Sie Ihre Fantasie spielen!

• DELICIOUS EVENING •

FÜR EINEN GENUSSVOLLEN FEIERABEND

SHAKSHUKA MIT FETA

[ZUBEREITEN: 10 MIN.   GAREN: 40-50 MIN.]

FÜR 2 PORTIONEN

2 EL Öl

1 Schalotte

1 rote Paprikaschote

3 Knoblauchzehen

2 EL Tomatenmark

Cayennepfeffer

½ TL scharfes Paprikapulver

1 TL gemahlener Kümmel

Salz

frisch gemahlener schwarzer
Pfeffer

200 g stückige Tomaten (Dose)

4 Eier

50 g Feta

1 Das Öl in einer Pfanne erhitzen. Die Schalotte hacken und in einigen Minuten goldbraun anbraten. Die Paprika vierteln, Samen und Scheidewände entfernen, dann waschen und würfeln. In die Pfanne geben und bei mittlerer Hitze 8–10 Minuten weich garen.

2 Die Knoblauchzehen schälen, hacken und ebenfalls zugeben. Tomatenmark und Gewürze unterrühren. Mit Salz und Pfeffer würzen. Die stückigen Tomaten zugeben und einkochen lassen. Wenn die Tomatenmasse kaum noch flüssig ist, mit einem Löffel für jedes Ei eine kleine Mulde formen und die Eier hineinschlagen.

3 Den Deckel auflegen und die Shakshuka je nach Größe der Eier 5–8 Minuten zugedeckt garen, bis das Eiweiß gestockt ist. Die Eigelbe sollten noch recht flüssig sein. Vor dem Servieren den Feta darüberbröseln.

BOHNEN-ZUCKERSCHOTEN-SALAT

[ZUBEREITEN: 15 MIN.   GAREN: 5 MIN.]

FÜR 2 PORTIONEN

125 g grüne Bohnen

125 g Zuckerschoten

1 kleine Handvoll Babyspinatblätter

½ kleine rote Zwiebel

1 kleine Knoblauchzehe

½ rote Chilischote

2 TL Koriandersamen

½ TL Senfsamen

1 EL Olivenöl

Salz

abgeriebene Schale von
½ Bio-Zitrone

1 EL fein gehackter frischer
Estragon

½ TL Schwarzkümmelsamen

1 Bohnen und Zuckerschoten waschen. Den Babyspinat waschen und trocken schleudern. Zwiebel und Knoblauch schälen und sehr fein würfeln. Die Chilischote halbieren, Samen und Scheidewände entfernen, dann sehr fein würfeln. Zwiebel, Knoblauch und Chili vermischen. Die Koriandersamen im Mörser grob zerstoßen.

2 Die grünen Bohnen in einem Topf mit kochendem Wasser 4 Minuten blanchieren. Dann mit kaltem Wasser abschrecken und abtropfen lassen. Die Zuckerschoten 1 Minute in kochendem Wasser blanchieren, abschrecken und abtropfen lassen.

3 In der Zwischenzeit Koriander- und Senfsamen in einer trockenen Pfanne anrösten, bis es zu duften beginnt. Mit dem Olivenöl und etwas Salz vermischen.

4 Das Gewürzöl mit Bohnen, Zuckerschoten, Zwiebel, Chili, Knoblauch und Zitronenabrieb vermischen. Estragon, Babyspinat und Schwarzkümmel über den Salat streuen. Sofort servieren.

· TIPP ·

Statt Babyspinat können Sie auch einen würzigen Salat, zum Beispiel Rucola, verwenden. Oder probieren Sie mal Brunnenkresse oder Löwenzahn, wenn Sie sie bekommen.

FISCH MIT ORANGEN-HASELNUSS-KRUSTE

[ZUBEREITEN: 20 MIN.   BACKEN: 15 MIN.]

FÜR 2 PORTIONEN

400 g Kabeljaufilet

60 g Haselnusskerne

1 Bio-Orange

2 EL Butter plus etwas für die Form

Salz

frisch gemahlener schwarzer Pfeffer

1 Den Backofen auf 140 °C vorheizen. Die Haselnüsse mit dem Messer oder in der Küchenmaschine fein hacken. Die Orange heiß abwaschen, trocknen und die Schale in dünnen Streifen abschälen, dabei das Weiße nicht mit entfernen. Die Orangenstreifen mit den Nüssen mischen. Die Orange nun von der weißen Haut befreien und das Fruchtfleisch klein würfeln. Ebenfalls zu den Nüssen geben.

2 Die Butter in einem kleinen Topf schmelzen und mit der Nuss-Orangen-Masse vermischen. Eine Auflaufform fetten und den Fisch hineinlegen. Mit Salz und Pfeffer würzen. Die Nuss-Orangen-Masse darauf verteilen. Ca. 15 Minuten im heißen Ofen backen.

· TIPP ·

Dazu passen ein Rote-Bete-Salat mit Orangen oder ein klassischer Selleriesalat.

OFENGEMÜSE MIT ZWEIERLEI HUMMUS

[ZUBEREITEN: 20 MIN.   BACKEN: 40–45 MIN.]

FÜR 2 PORTIONEN

Für das Ofengemüse:

je 200 g Rote Bete und Pastinake

1 Kartoffel

2 Möhren

1 rote Zwiebel

2 Knoblauchzehen

Olivenöl zum Backen

1 TL gemahlener Kreuzkümmel

Salz

Saft von ½ Zitrone

Für den Hummus:

125 g Kichererbsen (Dose)

1 Knoblauchzehe

2 EL Tahin

1 EL frisch gepresster Zitronensaft

3 EL Olivenöl

Salz

frisch gemahlener schwarzer Pfeffer

3–4 Stängel Petersilie

3–4 Stängel Basilikum

1 Frühlingszwiebel

30 ml Saft und Abrieb von ½ Bio-Orange

1 Für das Ofengemüse den Backofen auf 200 °C vorheizen. Rote Bete, Pastinaken, Kartoffel und Möhren schälen und in mundgerechte Stücke schneiden. Zwiebeln und Knoblauch schälen. Für die Rote Bete am besten Gummihandschuhe verwenden, da sie stark färbt. Zwiebel in Ringe schneiden und Knoblauch vierteln.

2 Rote Bete, Kartoffel, Zwiebel und Knoblauch auf einem Backblech verteilen. Etwas Olivenöl, Kreuzkümmel und Salz darübergeben und unter das Gemüse mischen. Im heißen Ofen insgesamt 40–45 Minuten garen. Nach 10 Minuten Möhren und Pastinaken auf dem Blech verteilen. Alles mit etwas Olivenöl beträufeln und weiterbacken, bis das Gemüse weich ist. Zum Schluss den Zitronensaft über das Gemüse geben.

3 In der Zwischenzeit für den Hummus die Kichererbsen in einem Sieb abtropfen lassen und den Knoblauch schälen. Die Kichererbsen mit Knoblauch, Tahin, Zitronensaft, Olivenöl, Salz und Pfeffer mit dem Pürierstab pürieren. Die Masse in zwei Portionen teilen.

4 Für den grünen Hummus Petersilie und Basilikum waschen und trocken schütteln. Die Blättchen abzupfen und grob hacken. Die Frühlingszwiebel waschen und in grobe Stücke schneiden. Zu der einen Hummushälfte geben und alles pürieren. Für den Orangenhummus Orangensaft und -abrieb zu der anderen Hummushälfte geben und ebenfalls pürieren. Das Ofengemüse mit den beiden Hummussorten servieren.

PARMIGIANA DI MELANZANE

[ZUBEREITEN: 20 MIN.   GAREN: 40–50 MIN.]

FÜR 2 PORTIONEN

2 Auberginen (ca. 450 g)

Salz

2 Knoblauchzehen

Olivenöl zum Braten und für
die Form

800 g stückige Tomaten (Dose)

frisch gemahlener schwarzer
Pfeffer

1 Prise Zucker

200 g Mozzarella

50 g Parmesan

4–5 Stängel Basilikum

1 Die Auberginen waschen, putzen und in ca. ½ cm dicke Scheiben schneiden. Beide Seiten salzen und die Auberginen ca. 10 Minuten Wasser ziehen lassen.

2 In der Zwischenzeit Knoblauch schälen und fein hacken. 1 EL Olivenöl in einem Topf erhitzen und den Knoblauch bei mittlerer Hitze ca. 1 Minute anbraten. Tomaten zugeben, mit Salz, Pfeffer und Zucker würzen, aufkochen und ohne Deckel bei mittlerer Hitze ca. 20 Minuten einköcheln lassen.

3 In der Zwischenzeit 2 EL Olivenöl in einer weiten Pfanne erhitzen, die Auberginenscheiben trocken tupfen und bei mittlerer Hitze portionsweise je 3–4 Minuten pro Seite goldbraun braten. Für jede neue Portion wieder 2 EL Olivenöl in der Pfanne erhitzen.

4 Den Backofen auf 180 °C vorheizen und eine Auflaufform fetten. Den Mozzarella in dünne Scheiben schneiden und den Parmesan fein reiben. Die Auberginen in einer Lage in die Form schichten, etwas Tomatensoße darauf verteilen und mit einigen Mozzarellascheiben belegen. Solange schichten, bis alle Zutaten verbraucht sind. Mit der Tomatensoße abschließen und mit dem Parmesan bestreuen. Den Auflauf im heißen Ofen ca. 20 Minuten backen.

5 Den Auflauf abkühlen lassen und lauwarm oder kalt servieren. Kurz vorher das Basilikum waschen, trocken schütteln, Blättchen abzupfen und etwas zerkleinert auf den Auflauf streuen.

GRÜNE MINESTRONE

[ZUBEREITEN: 15 MIN.   GAREN: 40-45 MIN.]

FÜR 2 PORTIONEN

Für den Gemüsefond:

1 Bund Suppengrün (ca. 800 g)

1 Zwiebel

1 Lorbeerblatt

3 schwarze Pfefferkörner

Salz

Für die Suppe:

½ Fenchel

150 g Wirsing

1 kleine Zucchini

100 g TK-Erbsen

Salz

frisch gemahlener schwarzer Pfeffer

Für den Kräuterschmand:

2 Stängel Majoran

5-6 Stängel Schnittlauch

100 g Schmand

Salz

frisch gemahlener schwarzer Pfeffer

1 Für den Fond Suppengrün putzen und würfeln, Zwiebel schälen und halbieren. Suppengrün, Zwiebelhälften, Lorbeerblatt, Pfefferkörner und Salz in einen Topf geben, mit 600 ml Wasser auffüllen und aufkochen. Zugedeckt 30 Minuten bei schwacher Hitze kochen.

2 In der Zwischenzeit Fenchel und Wirsing waschen, halbieren, den Strunk keilförmig herausschneiden und das Gemüse in feine Streifen schneiden. Die Zucchini waschen, halbieren und in ½ cm dicke Scheiben schneiden.

3 Für den Kräuterschmand Majoran und Schnittlauch waschen und trocken schütteln. Majoranblättchen abzupfen und fein hacken, Schnittlauch in feine Röllchen schneiden. Beides mit dem Schmand verrühren und mit Salz und Pfeffer abschmecken.

4 Den Fond durch ein feines Sieb in einen zweiten Topf abgießen, wieder in den Topf geben und aufkochen. Fenchel, Wirsing, Zucchinischeiben und Erbsen zugeben und 5-7 Minuten garen. Die Suppe mit Salz und Pfeffer abschmecken und mit dem Kräuterschmand servieren.

· TIPP ·

Den Fond kocht man am besten schon morgens oder am Vortag und lässt ihn langsam abkühlen. Farbe und Aroma werden dann noch intensiver.

PIZZA MIT SCAMORZA, PANCETTA & RUCOLA

[ZUBEREITEN: 25 MIN.   BACKEN: 25–35 MIN.]

FÜR 1 PIZZA (8 STÜCKE)

Für den Boden:

2 Zucchini (à ca. 150 g)

Salz

frisch gemahlener schwarzer Pfeffer

50 g Mozzarella

50 g Parmesan

1 Ei

Für den Belag:

1 kleine Zwiebel

1 Knoblauchzehe

100 g Kirschtomaten

1 EL Olivenöl

1 Prise Zucker

1 TL Tomatenmark

150 ml passierte Tomaten

Salz

frisch gemahlener schwarzer Pfeffer

1 TL Oregano

100 g Scamorza

60 g Pancetta, hauchdünn geschnitten

1 Bund Rucola

1 Die Zucchini waschen und grob raspeln. Mit 1 Prise Salz mischen und ca. 10 Minuten beiseitestellen. Den Backofen auf 180 °C vorheizen und ein Backblech mit Backpapier auslegen.

2 Mozzarella und Parmesan reiben. Die Zucchini gut ausdrücken und mit Ei, Mozzarella und Parmesan mischen. Auf dem Backblech einen dünnen, runden Pizzaboden (Ø ca. 22 cm) aus der Masse formen und im heißen Ofen 15–20 Minuten backen.

3 In der Zwischenzeit für den Belag Zwiebel und Knoblauch schälen und fein würfeln.

4 Die Tomaten waschen und halbieren. Das Öl in einer Pfanne erhitzen, Zwiebel und Knoblauch darin glasig dünsten. Zucker und Tomatenmark zugeben und kurz anrösten. Dann auch die Kirschtomaten zufügen und mit den passierten Tomaten ablöschen. Mit Salz, Pfeffer und Oregano würzen und die Soße ca. 5 Minuten bei schwacher Hitze köcheln lassen.

5 Den Pizzaboden aus dem Ofen nehmen, wenden und die Tomatensoße darauf verteilen.

6 Den Ofen auf 200 °C heizen, den Scamorza auf die Pizza reiben und den Pancetta darauf verteilen. 10–15 Minuten überbacken. Den Rucola währenddessen waschen und trocken schütteln. Die Pizza aus dem Ofen nehmen, mit dem Rucola belegen und servieren.

· TIPP ·

Wenn Sie keinen Scamorza oder Pancetta bekommen, nehmen Sie einfach einen anderen Räucherkäse und durchwachsenen Speck.

MANGO-AVOCADO-BOWL MIT CASHEW-DRESSING

[ZUBEREITEN: 35 MIN.]

FÜR 2 PORTIONEN

Für das Cashew-Dressing:

4 Datteln

40 g Cashewkerne

1 walnussgroßes Stück Ingwer

2 EL Sojasoße

1 dünne Bio-Zitronenscheibe

2 EL Tahin

1 TL edelsüßes Paprikapulver

Salz

½ TL Chilipulver

Für die Bowl:

2 Frühlingszwiebeln

Öl zum Braten

100 g Austernpilze

1 Mango

½ Avocado

1 Möhre

6 Kirschtomaten

grüne Salatblätter

6 EL gekochter kalter Reis

4 EL gekochte Beluga- oder Puy-Linsen

1 Handvoll Sprossen nach Wunsch

1 Für das Dressing die Datteln und die Cashewkerne getrennt 30 Minuten in heißem Wasser einweichen. Den Ingwer schälen. Datteln und Cashewkerne abtropfen lassen und mit allen anderen Zutaten und 4 EL Wasser im Mixer zu einer cremigen, aber nicht zu zähen Masse pürieren.

2 In der Zwischenzeit für die Bowl die Frühlingzwiebeln waschen und in dünne Ringe schneiden. Das Öl in einer kleinen Pfanne erhitzen und den weißen Teil der Frühlingszwiebeln darin glasig dünsten. Die Austernpilze waschen und in Streifen schneiden. Zu der Frühlingszwiebel geben und bei starker Hitze scharf anbraten. Dann die Temperatur reduzieren und die Pilze durchgaren.

3 Mango und Avocado schälen und in Stücke schneiden. Die Möhre schälen und reiben. Die Tomaten waschen und vierteln. Den Salat waschen, trocken schleudern und auf zwei Schälchen verteilen. Reis, Linsen und Mangostücke auf den Blättern anrichten, Möhrenraspel und Avocadostücke darübergeben und zum Schluss Pilze und Tomatenhälften darauf anrichten.

4 Das Dressing darübergeben und die Bowls mit den Sprossen und dem Grün der Frühlingszwiebeln garniert servieren.

HÄHNCHEN-FAJITAROLLEN

[ZUBEREITEN: 15 MIN.   MARINIEREN: MIND. 1 STD   BACKEN: 25–30 MIN.]

FÜR 2 PORTIONEN

Für die Marinade:

1 Knoblauchzehe

2 EL Olivenöl plus etwas für die Form

frisch gepresster Saft von ½ Limette

1 TL Chilipulver

½ TL gemahlener Kreuzkümmel

½ TL Oregano

½ TL Salz

Cayennepfeffer

2 EL gehackter Koriander

Für das Hähnchen:

2 Hähnchenbrüste

½ rote Paprikaschote

½ grüne Paprikaschote

1 Den Knoblauch schälen und fein hacken. Alle Zutaten für die Marinade vermischen.

2 Die Hähnchenbrüste längs in zwei gleich große Scheiben schneiden und mit einem Fleischklopfer vorsichtig etwas flacher klopfen, ca. ½ cm dick. Das Fleisch in einen großen Gefrierbeutel geben und mit der Marinade begießen. Den Gefrierbeutel schließen und das Fleisch mindestens 1 Stunde, besser über Nacht, marinieren.

3 Den Backofen auf 200 °C vorheizen und eine Auflaufform fetten. Von den Paprika Samen und Scheidewände entfernen, dann waschen und in Streifen schneiden. Das marinierte Fleisch auf der Arbeitsfläche auslegen und in die Mitte jeweils die Hälfte der Paprikastreifen legen. Aufrollen und mit einem Zahnstocher fixieren. Die Oberseiten des Fleischs mit der Marinade bepinseln und das Fleisch in die Auflaufform legen. Im heißen Ofen 25–30 Minuten backen, bis nur noch klarer Saft austritt. Sofort servieren.

VIETNAMESISCHE SUPPE

[ZUBEREITEN: 10 MIN.   GAREN: 20–25 MIN.]

FÜR 2 PORTIONEN

1 daumengroßes Stück Ingwer

1 Knoblauchzehe

500 ml Gemüsebrühe

¼ TL Lebkuchengewürz

300 g Pak Choi

½ Bund Frühlingszwiebeln

60 g Shiitakepilze

Salz

frisch gemahlener schwarzer Pfeffer

2 TL frisch gepresster Limettensaft

1 Stängel Minze

100 g Roastbeef

1 Ingwer und Knoblauch schälen. Ingwer in dünne Streifen, Knoblauch in dünne Scheiben schneiden. Die Gemüsebrühe in einem Topf aufkochen und Ingwer, Knoblauch und Lebkuchengewürz zufügen. 10 Minuten bei schwacher Hitze kochen.

2 In der Zwischenzeit den Pak Choi längs vierteln und gründlich waschen. Die Frühlingszwiebeln waschen und das Weiße und Hellgrüne in schräge Scheiben schneiden. Die Pilze putzen und die Stiele entfernen. Große Pilze halbieren. Das Gemüse in den Topf geben und 6 Minuten in der Gemüsebrühe köcheln lassen. Mit Salz, Pfeffer und Limettensaft abschmecken.

3 Die Minze waschen, trocken schütteln, die Blätter abzupfen und in Streifen schneiden. Roastbeef in dünne Streifen schneiden. Beides in die Suppe geben und sofort servieren.

· YUMMY SNACKS ·

FÜR ZWISCHENDURCH & UNTERWEGS

ENERGY BALLS

[ZUBEREITEN: 15 MIN.]

FÜR 30 STÜCK

100 g getrocknete Datteln

50 g getrocknete Aprikosen

100 g gemahlene Haselnusskerne

50 g gemahlene Walnusskerne

1 Prise Salz

1 TL gemahlene Vanille

75 g ungesüßtes Kakaopulver

1 Datteln und Aprikosen im Mixer kurz pürieren. Mit Nüssen, Salz, Vanille, 50 g Kakao und 4 EL Wasser mischen und zu einer glatten Masse verrühren.

2 Aus der Masse ca. 30 Bällchen formen und diese in dem restlichen Kakao wälzen. Ca. 30 Minuten kühl stellen.

· TIPP ·

Statt der Aprikosen können Sie auch getrocknete Cranberrys oder Erdbeeren unter die Masse mischen.

AUBERGINENBROWNIES

[ZUBEREITEN: 25 MIN.   BACKEN: 80 MIN.]

FÜR 1 BLECH

400 g Aubergine

300 g Zartbitterschokolade
(mindestens 70 % Kakaoanteil)

80 g Kokosblütenzucker

80 g Ahornsirup

3 Eier

50 g ungesüßtes Kakaopulver

2 EL Maniokmehl

30 g Kastanienmehl

1 Prise Salz

1 Prise gemahlene Vanille

½ TL gemahlener Zimt

2 TL Backpulver

1 Den Backofen auf 180 °C vorheizen und ein Backblech mit Backpapier auslegen. Die Auberginen mit einer Gabel rundherum mehrmals einstechen und auf dem Blech im heißen Ofen ca. 45 Minuten backen, dabei zwischendurch einmal wenden.

2 Die Auberginen herausnehmen, den Ofen nicht ausstellen. Die Auberginen leicht abkühlen lassen und das Fruchtfleisch aus der Schale lösen. Die Schokolade zerkleinern und in einer kleinen ofenfesten Schüssel im Backofen schmelzen lassen.

3 In der Zwischenzeit Auberginenfruchtfleisch, Zucker, Ahornsirup und Eier im Mixer oder mit dem Pürierstab glatt rühren. Die geschmolzene Schokolade unterrühren. Dann Kakao, Maniok- und Kastanienmehl, Salz, Vanille, Zimt und Backpulver mischen. Zu der Schokoladenmasse sieben und alles zu einem glatten Teig verrühren.

4 Eine quadratische Backform mit Backpapier auskleiden, den Teig einfüllen und ca. 35 Minuten im heißen Ofen backen. Stäbchenprobe machen. Wenn kein Teig mehr am Stäbchen klebt, ist er durchgebacken. Aus dem Ofen nehmen, abkühlen lassen und in Stücke schneiden.

GERÖSTETE NÜSSE

[ZUBEREITEN: 10 MIN.   RÖSTEN: 12 MIN.]

FÜR 250 GRAMM

2 EL Kokosnussöl plus etwas
für das Blech

1 EL Erdnussbutter

250 g Nussmischung oder
Nüsse nach Wahl

1 EL Kokosraspel

1 EL Xylit

1 Den Backofen auf 160 °C vorheizen und ein Backblech fetten. Kokosöl und Erdnussbutter in einem kleinen Topf bei schwacher Hitze schmelzen. Die Nüsse in eine Schüssel geben und die Erdnussbuttermischung unterrühren.

2 Die Nüsse auf dem Backblech verteilen und im heißen Ofen ca. 6 Minuten rösten, dann wenden und weitere 6 Minuten rösten. Aus dem Ofen holen und abkühlen lassen.

3 Die Kokosraspel mit Xylit mischen und die Nüsse darin wälzen.

MANDELWAFFELN MIT HEISSEN HIMBEEREN

[ZUBEREITEN: 35 MIN.]

FÜR 5 STÜCK

Für die Waffeln:

5 Eier

60 g Butter

1 TL Backpulver

4 EL Xylit

5 TL Milch

1 TL gemahlene Vanille

3 TL Kokosmehl

1 EL Mandelmus

Für die heißen Himbeeren:

100 g Himbeeren

1 Die Eier in der Küchenmaschine oder mit dem Handrührgerät schaumig rühren. Die Butter in einem kleinen Topf schmelzen. Nach und nach Backpulver, 3 EL Xylit, Milch, Vanille, Kokosmehl, Mandelmus und geschmolzene Butter unter die Eier rühren.

2 Das Waffeleisen aufheizen, auf mittlere Stufe stellen und aus je 2 EL Waffelteig eine Waffel backen.

3 In der Zwischenzeit die Himbeeren mit 2 EL Wasser in einem kleinen Topf erhitzen, bis sie heiß sind.

4 Die Waffeln auf einem sauberen Geschirrtuch abkühlen lassen und zum Schluss mit restlichem Xylit bestreuen. Mit den heißen Himbeeren servieren.

· TIPP ·

Wer möchte, bestreut die Waffeln mit zu Puderzucker gemahlenem Xylit. Es lässt sich entweder im Mixer selbst mahlen oder auch fertig kaufen.

ROSMARIN-PARMESAN-POPCORN

[ZUBEREITEN: 15 MIN.]

FÜR 4 PORTIONEN

1 Knoblauchzehe

2 Stängel Rosmarin

60 ml Olivenöl

½ TL Knoblauchsalz

frisch gemahlener schwarzer Pfeffer

100 g Popcorn-Mais

Rapsöl

25 g Parmesan

1 Den Knoblauch schälen. Mit einem Rosmarinstängel und dem Olivenöl in einen kleinen Topf geben und bei schwacher Hitze erwärmen. Knoblauchsalz und Pfeffer unterrühren. Die Nadeln vom zweiten Rosmarinstängel streifen und fein hacken.

2 Für das Popcorn den Boden eines großen Topfs mit Öl bedecken. Die Hälfte der Maiskörner hineingeben und verrühren. Den Topf mit einem Deckel verschließen, auf mittlere Temperatur erhitzen und den Mais 3–5 Minuten aufpoppen lassen. Den Topf dabei leicht schütteln, damit der Mais nicht verbrennt. Das Popcorn sofort in eine große Schüssel füllen. Den übrigen Popcorn-Mais auf dieselbe Weise verarbeiten.

3 Rosmarinstängel und Knoblauch aus dem Olivenöl entfernen und wegwerfen. Popcorn mit dem Rosmarinöl beträufeln und sofort vermischen. Den Parmesan reiben und das Popcorn mit gehacktem Rosmarin, Parmesan und Pfeffer bestreuen.

THUNFISCHRÖLLCHEN

[ZUBEREITEN: 50 MIN.]

FÜR 4 STÜCK

Für die Pfannkuchen:

4 Eier

100 g gemahlene Mandeln

2 TL Leinsamenmehl

½ TL Backpulver

4 EL gehackte Petersilie

Salz

Butter zum Braten

Für die Füllung:

½ rote Paprikaschote

400 g Thunfisch im eigenen
Saft (Dose)

300 g Frischkäse

40 g Kapern

Salz

frisch gemahlener schwarzer
Pfeffer

1 Alle Zutaten für den Teig mit 200 ml Wasser vermischen und 10 Minuten quellen lassen. Dann etwas Butter in einer Pfanne schmelzen und ein Viertel des Teigs hineingeben, die Pfanne etwas schwenken, um den Teig gleichmäßig zu verteilen. Auf beiden Seiten goldbraun ausbacken. Herausnehmen und auf diese Weise die weiteren drei Pfannkuchen backen.

2 Die Paprika vierteln, Samen und Scheidewände entfernen, dann waschen und fein würfeln. Thunfisch abtropfen lassen. Paprika und Thunfisch mit Frischkäse, Kapern, Salz und Pfeffer vermischen.

3 Die Pfannkuchen mit der Creme bestreichen und einrollen. Die Röllchen in Scheiben schneiden.

ERDBEER-NUSSRIEGEL

[ZUBEREITEN: 10 MIN.   BACKEN: 25 MIN.]

FÜR 8–10 STÜCK

Für die Riegel:

20 g getrocknete Erdbeeren

100 g gemahlene Mandeln

50 g Cashewkerne

50 g Erdnusskerne

100 g gehackte Mandeln

20 g Flohsamenschalen

125 g Magerquark

1 Ei

50 g Kokosöl

20 g Kokosblütenzucker

Für den Schokoladenguss:

15 g Kokosöl

10 g ungesüßtes Kakaopulver

1 EL Kokosblütenzucker

1   Den Backofen auf 200 °C vorheizen und ein Backblech mit Backpapier auslegen. Für die Riegel die getrockneten Erdbeeren in kleine Stücke schneiden. Mit allen anderen Zutaten vermischen und die Masse mit einem Spatel auf dem Backblech glatt verstreichen. Im heißen Ofen 25 Minuten backen und danach in Riegel schneiden.

2   Für den Schokoguss Kokosöl und Kakao mit dem Zucker unter Rühren in einem kleinen Topf erwärmen. Die Riegel mit der warmen Schokosoße beträufeln und abkühlen lassen.

· TIPP ·

Statt Erdbeeren können Sie auch eine andere Sorte getrocknetes Obst verwenden, zum Beispiel Feigen.

GEMÜSECHIPS AUS ROTER BETE & MÖHREN

[ZUBEREITEN: 15 MIN.   BACKEN: 20–30 MIN.]

FÜR 2 PORTIONEN

4 Möhren

2 Rote Beten

4 TL Olivenöl

1 TL Currypulver

2 TL gemahlener Rosmarin

Salz

1 Den Backofen auf 200 °C vorheizen. Möhren und Rote Bete schälen und in dünne Scheiben hobeln. (Für die Rote Beten am besten Gummihandschuhe tragen, sie färbt stark.) Die Gemüsescheiben auf Küchenpapier legen und die Oberfläche mit Küchenpapier trocken tupfen.

2 Die Möhren in einer Schüssel mit der Hälfte des Olivenöls und Currys vermischen. Die Rote Bete in einer zweiten Schüssel mit dem restlichen Olivenöl und Rosmarin mischen.

3 Das Gemüse auf einem Backblech verteilen, sodass es sich nicht überlappt. Falls nötig mehrere Backbleche verwenden. Das Gemüse großzügig salzen und 20–30 Minuten backen, bis die Chips knusprig sind. Zwischendurch den Backofen hin und wieder kurz öffnen, damit der Dampf entweichen kann. Herausnehmen und abkühlen lassen.

BLUMENKOHLMUFFINS

[ZUBEREITEN: 20 MIN.   BACKEN: 8 MIN.]

FÜR 12 STÜCK

240 g Blumenkohl

6 Eier

6 EL Schmand

120 g gemahlene Mandeln

Salz

frisch gemahlener schwarzer
Pfeffer

frisch geriebene Muskatnuss

Fett für die Form

1   Den Backofen auf 180 °C vorheizen und eine 12er Muffinform fetten. Den Blumenkohl putzen, waschen und in Röschen teilen. Im Mixer auf Reiskorngröße zerkleinern. In einer Pfanne ohne Öl unter Rühren 2 Minuten leicht anrösten. Dann Eier, Schmand, gemahlene Mandeln, Salz, Pfeffer und Muskat in einer Schüssel verrühren und mit dem gerösteten Blumenkohlreis mischen.

2   Den Teig auf die 12 Mulden verteilen und die Muffins im heißen Ofen 8 Minuten backen. Warm oder kalt genießen.

· TIPP ·

Die Muffins schmecken auch mit Brokkoli statt mit Blumenkohl sehr lecker.

ZUTATENREGISTER

REZEPTREGISTER

BETTINA SNOWDON, Diplom-Oecotropho-
login, ist selbstständige Lektorin, Übersetzerin
und Projektmanagerin. Mit viel Leidenschaft
und Knowhow verfasst sie auch eigene Koch-
bücher zu gesunder Ernährung. So kann sie ihre
Begeisterung für Bücher und ihre Liebe zum
Kochen optimal miteinander verbinden.

FRAUKE ANTHOLZ ist freie Food-Fotografin.
Am liebsten steht sie selbst am Herd, kocht,
backt und stylt, bevor sie mit viel Liebe zum
Detail den Moment einfängt. Ihre Fotografien
erscheinen regelmäßig in namhaften Magazi-
nen und Büchern.

FSC
www.fsc.org

MIX
Papier aus verantwor-
tungsvollen Quellen
FSC® C002795

5 4 3 2   24 23 22 21 20
ISBN 978-3-88117-219-6

Rezepte: Bettina Snowdon
Fotos: Frauke Antholz
Layout: Stefanie Wawer
Redaktion: Muriel Magon
Herstellung: Anja Bergmann
Litho: FSM Premedia GmbH & Co. KG, Münster
Satz: Helene Hillebrand

www.hoelker-verlag.de